Me confió el universo...

En febrero de 2016, decidía caminar en la playa, cada
mañana... Solía ir cada vez más temprano, hasta estar
presente al amanecer. Cada mañana, tenía la sensación de
recibir un mensaje…

Equipada con mi modesto móvil, sacaba una foto,
majestuosa, a mi parecer. Cuidadosamente, apuntaba cada
uno de estos mensajes, que parecía venir de la nada…

Conexión real o producto de mi imaginación, cada uno dará
el sentido que quiere y probablemente, así es perfecto.

En aquel momento, minimizaba lo que estaba viviendo…
No apreciaba en su justa medida el regalo. Hoy, ya no
tengo ninguna duda.

Mi fe, creciente, cada día más, me confirma
mi conexión con Dios. Creo y sé…

A veces, tal fue la emoción, que lágrimas de agradecimiento
corrían a lo largo de mis mejillas… Viví estos momentos
cada mañana, durante un mes…

Y luego, una mañana, muy cansada, cuando fui a la playa, el
paisaje era diferente. No recibí ningún mensaje.
Tenía ganas de escribir "agradecimiento" en la arena.
En aquel momento, a la hora de sacar mi foto, entendí "mi
mensaje". La luz se fijó "justo" perfectamente. El día
siguiente, iba a urgencias.

Pasaron varios meses hasta que tenga nuevos mensajes.
Hoy, ha llegado el momento de compartirlos para que
vengan deslizarse lentamente en la persona que debe
recibirles a su vez…

Con humildad, amor y bondad,
Brigitte Calise

Tenga cuidado con su fe,
¡la llave está en la fe!

Escucha, mira,
te enseño el camino.

Aumenta tu perspectiva, mira a tu alrededor.
Mira donde pones tu interés y
aumenta tu campo visual.

Siempre regresa a lo esencial.
Es lo único que permanece…

¿No encuentras sentido a lo que estás viviendo? Es cierto. ¡No existe! Por ahora… Algún día, verás. Algún día, sabrás…

Si te parece difícil la prueba,
sin embargo, es necesaria…

Cuanto antes, encuentra de nuevo la fe.
La llave está en la fe. Cree en mí, cree en
ti, aunque no entiendas todo…

Cierra los ojos y respira…
¡Siente que siempre estoy aquí!

Cuando no encuentras salida, busca el
amor. El amor ilumina tu camino

Vuela. ¡Pósate! Descansa. Y de nuevo,
vuela…

Busca y descubre tu luminosidad.

Acepta tu punto negro.

¡Conviértete en pepita de oro!

Acércate. Mira mejor. ¡Te ayudo!
¡pero no me ves! Te hablo, pero no
me oyes…

¡Pon tu servicio al servicio del mundo!

Mira lo que puedo hacer…

¡Busca y encuentra tu potencia!

¡No subestimes lo que puedo darte!

Iluminar no significa deslumbrar…

Puedes hacer grandes cosas con
pocos medios.

Incluso las olas tienen sus límites,
¡identifica las tuyas, hónralas y
supéralas!

Siempre está en condiciones de lo que
está bien y justo para ti...

Nadie te pide de ser un superhéroe. Sé el héroe
de tu corazón, de tu vida y alimenta tu alma.

¿Qué estás esperando para pintar tu
obra maestra?

Mira estas olas, como deslizan… ¡Haz como
ellas! Deja las cosas deslizar, no resistas…

¿Te parece triste el paisaje hoy? Es cierto. Un poco más que habitualmente. Acéptalo, mañana será otro día.

¡Mírame! Me autorizo en iluminar. Nunca
ilumino de la misma manera, con la misma
intensidad, pero me autorizo en iluminar.

Algunas olas se desembocan con potencia, otras con suavidad… Sin embargo, hacen el mismo trayecto. Mira esta gaviota, la ligereza de su vuelo. Cada ritmo, cada cadencia es justo, encuentra justo el momento adecuado para utilizarlo.

¡No te di a luz para que seas pequeño/a! ¡crece!
¡Crece! ¡CRECE!

Te piensas solo en las pruebas,
sin embargo, no lo estás…

¡Pero, primero, tienes que aceptar
que te ayudan!

Quédate conmigo, te orientaré...

¡Abre tu corazón al esplendor!

¡Elige tu camino!

¡Piensa en grande!

¡No pierdas tu enfoque!

¡Pon tu amor al servicio del mundo!

No mires solo lo que está en la superficie,
también mira los detalles...

Siempre busca el equilibrio

Iza la vela y mantiene el rumbo.

El campo de posibilidades no tiene
límites y es infinito.

No te dejes deslumbrar por la sencillez.

Abre tus brazos al sol

Nada está nunca terminado… Soy el único en poder decidirlo… Levántate y construyamos juntos tu futuro.

agradecimiento...